NOUVELLE BIBLIOTHÈQUE JUNIOR

Jean-Claude Mourlevat

L'homme qui ne possédait rien

Cornelsen

1

Il y avait dans une oasis du désert un homme qui ne possédait rien. Le soir, il s'asseyait sur la dune et regardait les étoiles monter dans le ciel. Il faisait couler le sable entre ses doigts et se disait :

« Un jour, je serai sable moi-même. En attendant, profitons de l'air qui entre dans mes poumons quand je respire ; profitons de cette eau fraîche qui coule dans ma gorge ; et profitons de cette poignée de dattes si douces et si sucrées. »

2

Un soir comme cela, justement, il vit venir de très loin et dans sa direction un chameau qui portait une selle, mais qui allait seul, sans maître ni fardeau.

– Où vas-tu? lui demanda-t-il lorsque le chameau fut à portée de voix.

– Je vais à la ville de Topka, répondit l'animal sans s'arrêter.

L'homme, intrigué, le rattrapa et marcha à son côté :

– Je suis étonné que tu m'aies répondu, dit-il au bout d'un moment, car d'ordinaire, les chameaux ne parlent pas.

– Moi... si, se contenta de grommeler le chameau et il accéléra l'allure.

– Et puis je ne connais pas cette ville de Topka dont tu me parles, continua l'homme.

– Il y a beaucoup de choses que tu ne connais pas, se moqua le chameau, puis, comme l'homme le suivait toujours, il s'arrêta net :

– Voudrais-tu que je te prenne sur mon dos et que je t'emporte jusqu'à Topka ?

– Non, dit l'homme après une hésitation, je ne veux pas. Je préfère rester ici.

– Alors je vais te poser la question autrement, reprit le chameau : voudrais-tu savoir ce qui arriverait si tu montais sur mon dos et si tu venais à Topka ? C'est une grande faveur que je te fais.

– Ça, oui, je veux bien, répondit l'homme.

– Alors, dit le chameau en s'agenouillant, monte sur mon dos et tu le sauras.

3

Ils cheminèrent une partie de la nuit et toute la journée du lendemain.

– Ta selle n'est pas très confortable et tu ne m'avais pas dit que cette ville de Topka était si loin, se plaignit l'homme qui commençait à souffrir de la faim, de la soif et de la fatigue.

– Mais tu ne me l'as jamais demandé... répondit le chameau, qui n'était pas bavard.

– Alors maintenant je te le demande ! lança l'homme, très agacé : est-ce que Topka est encore loin d'ici ?

– De moins en moins à mesure que nous en approchons, plaisanta le chameau, tu es bien impatient...

Un peu plus tard, comme la nuit venait, il choisit un endroit abrité derrière une dune et s'y allongea pour dormir. L'homme dut se blottir contre lui pour se protéger du froid.

Ils marchèrent encore une journée entière et le soir tombait à nouveau lorsqu'ils atteignirent la gigantesque cité de Topka. Une colline la dominait à l'est. Le chameau s'y arrêta et mit un genou à terre :

– Je ne vais pas plus loin. Je devais seulement t'amener jusqu'à cette colline. Prends ce chemin qui descend : il te conduira tout droit en ville.

Moi, je ne bouge pas d'ici. Je t'attends. Et n'oublie pas : je te reconduirai à ton oasis dès que tu le souhaiteras. Dans un jour ou dans dix ans. Il suffira que tu me rejoignes ici et nous y retournerons ensemble. Va sans crainte...

L'homme observa la ville immense qui s'étendait à ses pieds. Des milliers de lumières tremblotaient dans la nuit. Des fumées montaient dans le ciel. Il était stupéfait de découvrir une ville aussi grande, alors qu'il n'en avait jamais entendu le nom. Il hésita un instant, apeuré, puis la curiosité fut la plus forte :

– Soit. J'y vais. Mais tu ne bouges pas d'ici !

– Je ne bouge pas. Je t'attends.

L'homme s'engagea d'un pas décidé sur le sentier pentu qui menait à la ville. À mi-chemin, il se retourna et vit le chameau qui balançait sa longue tête en guise d'encouragement. La ville de Topka comptait une population considérable et le plus grand tumulte régnait dans les rues. L'homme erra une partie de la soirée, bousculé de toutes parts, étourdi par le vacarme, les cris, la musique. Il finit par se perdre tout à fait dans les ruelles étroites, et, ne sachant plus où diriger ses pas, il s'adossa à un mur, ferma les yeux et fredonna une mélodie de son enfance.

Des passants lui jetèrent quelques pièces de monnaie et il entra dans une petite auberge pour y manger une soupe de haricots. Il était très affamé.

L'aubergiste, un vieil homme à la barbe blanche, le prit en pitié.

– As-tu seulement de quoi te loger cette nuit ? lui demanda-t-il.

– Non, dut avouer l'homme, car je viens du désert, je ne connais personne dans cette ville, et je viens de dépenser tout l'argent que j'avais avec cette soupe de haricots.

– Alors reste donc ici pour ce soir. Tu trouveras une paillasse dans l'appentis : allonge-toi et dors. Nous verrons bien

demain ce que nous ferons
de toi.

4

Le lendemain, il le garda. Le surlendemain aussi, ainsi que les jours qui suivirent, contre de menus services bien sûr, mais aussi sans doute pour avoir un peu de compagnie, car il vivait seul. Notre homme se mit à la cuisine et il apprit bien vite à cuire les viandes, à faire mijoter les légumes, à confectionner les gâteaux. Et c'est ainsi qu'en peu de temps, il devint l'aide du vieil aubergiste, puis son associé, enfin son ami le plus cher.

Le soir, lorsque les derniers clients étaient partis, ils s'asseyaient tous les deux dans la rue, buvaient du thé à la menthe et jouaient aux dominos. Ils ne parlaient guère car ils n'étaient bavards ni l'un ni l'autre. Quelquefois, ils fermaient l'auberge dès le matin, et s'en allaient en promenade dans les rues de la ville, comme des enfants qui feraient l'école buissonnière. Ils s'en amusaient beaucoup.

Au bout de quelques années, hélas, le vieillard sentit ses forces l'abandonner. Son nouvel ami eut beau veiller sur lui, le soigner de son mieux et lui faire avaler des bouillons de légumes, il mourut dans ses bras, paisiblement, et ses derniers mots furent ceux-ci :

– Je n'ai pas de famille, ni d'autre ami que toi. Je te laisse donc tout ce que je possède. L'auberge t'appartient désormais, avec tout ce qu'il y a dedans. Prends-en soin, s'il te plaît.

L'homme fut très attristé par la disparition de son bienfaiteur, et, pour honorer son souvenir, il se consacra corps et âme à la bonne marche de la petite auberge. Il s'en occupa même si bien que les clients se pressèrent de plus en plus nombreux.

Au bout de trois mois, il dut prendre un employé pour le seconder à la cuisine. Le mois suivant, il en engagea deux autres pour servir les repas. Il fallut bientôt ajouter des tables, agrandir la salle et construire un étage.

5

Plusieurs années s'écoulèrent. L'homme travaillait si dur qu'il ne vit pas passer le temps, et, un soir, comme il faisait ses comptes dans l'arrière-boutique, il sentit soudain une haleine tiède dans son cou. C'était le chameau qui l'avait retrouvé et qui passait sa longue tête par la fenêtre ouverte.

– Que veux-tu ? demanda l'homme, surpris.

– Je ne veux rien, répondit le chameau, je venais simplement te saluer et te rappeler que je te reconduirai à ton oasis dès que tu le voudras... M'avais-tu oublié ?

– Pas du tout ! mentit l'homme. Mais je ne veux pas revenir à mon oasis. En tout cas, je te remercie d'être venu et de t'inquiéter pour moi.

– Je t'en prie, dit le chameau. Je suis ravi de voir que tu te portes bien. Je retourne sur la colline, à l'est de la ville, et je t'y attends.

Là-dessus, il retira sa longue tête de la fenêtre et s'en alla.

Dans l'année qui suivit, l'homme acheta une deuxième auberge, puis une troisième l'année d'après. Il en eut bientôt sept, une dans chaque quartier de la ville, et il cessa alors de travailler. Il se contenta d'aller de l'une à l'autre, sans prévenir de ses visites, pour vérifier que tout était en ordre, et pour percevoir les recettes bien entendu. Devenu riche, il n'eut aucun mal à se marier à une jolie femme de vingt ans plus jeune que lui. Elle lui donna quatre fils, tous plus beaux et plus intelligents les uns que les autres.

Pour sa famille, il fit construire sur la colline, à l'ouest de la ville, une demeure qui ressemblait davantage à un palais qu'à une maison ordinaire. Huit architectes y travaillèrent pendant deux ans et lorsque des étrangers passaient par là, ils demandaient tous :

– Cette demeure en marbre rose appartient-elle au sultan de la région ?

Et on leur répondait :

– Non, elle appartient à un riche commerçant de notre ville.

6

Un soir, un des quarante gardes qui veillaient jour et nuit autour de la demeure, entra dans la grande salle, tout pâle en balbutiant :

– Maître, il y a à la porte quelqu'un qui demande à vous parler, mais...

– Mais quoi ? s'impatienta l'homme qui était en train de dîner.

– Pardonnez-moi, maître, mais c'est un… chameau.

L'homme essuya la sueur qui perlait à son front. Il était devenu gros et transpirait d'abondance maintenant :

– Qu'on le fasse entrer et qu'on me laisse seul avec lui.

Ce qui fut fait.

Le chameau s'avança vers la table en faisant claquer ses sabots sur les dalles, puis il renifla les plats qui la couvraient :

– De la viande… du vin… je t'ai connu plus sobre…

Enfin, considérant le ventre replet du bonhomme :

– Et plus mince aussi...

– Que veux-tu ? l'interrompit l'homme d'un ton cassant.

– Je ne veux rien, je venais simplement te saluer et te rappeler que je te reconduirai quand tu le désireras.

– Je ne le désire pas ! s'emporta l'homme. Va-t'en et ne reviens plus, s'il te plaît !

– Très bien, je ne reviendrai plus, murmura le chameau en tournant les talons. Mais je continuerai à t'attendre sur la...

– Il est inutile de m’attendre ! Va-t’en !

Le chameau s’éloigna lentement en faisant résonner ses sabots sur les dalles du palais.

7

L'argent va à l'argent, chacun le sait. Aussi notre homme amassa-t-il bientôt une fortune considérable. Il devint l'homme le plus riche de toute la cité de Topka. Il fit construire pour son fils aîné, qui était maintenant adulte, une demeure plus somptueuse encore que la sienne, puis il fit de même pour ses trois autres garçons.

Ceci accompli, il se demanda comment il pourrait bien employer son argent désormais, et il ne trouva rien. « Je ne peux pas me loger avec plus de luxe, se disait-il ; je ne peux pas non plus mieux me vêtir ; ma femme ne regarde plus les bijoux dont je la couvre, tant elle en a ; et je n'arrive pas à manger davantage sans en avoir des indigestions... »

Dès lors, il devint morose. Il tomba même malade, et ses fils se montrèrent bien ingrats car ils ne prirent aucun soin de lui. Pas plus que sa femme, qui, c'était connu, allait avec un homme plus jeune, et n'avait pas le temps de s'occuper de deux maris à la fois. Un jour enfin, il se regarda de plus près dans un miroir et il eut du mal à se reconnaître : sa peau s'était ridée, ses cheveux avaient blanchi. « Me voilà vieux », se dit-il, et il en fut très effrayé. En peu de temps, il s'affaiblit beaucoup et ne trouva de soutien auprès de personne.

8

Un soir, après dîner, il renvoya tous ses serviteurs, se dissimula sous une large cape et se glissa en secret hors de sa demeure. Avec ce qui lui restait de forces, il parcourut les rues de Topka, passa devant la petite auberge d'autrefois, puis il entreprit de gravir la colline qui s'élevait à l'est de la ville. Il y parvint à grand-peine, soufflant, titubant. Là-haut, il retrouva la place où il avait laissé le chameau, trente ans plus tôt. Il appela doucement :

– Chameau ! Chameau !

Mais le chameau n'y était pas...

– Il devait pourtant m'attendre ! pesta l'homme.

Le désespoir l'envahit. Comme il ne savait plus que faire et qu'il n'avait plus le courage de s'en retourner dans sa riche demeure où personne ne l'attendait, il se laissa tomber sur un rocher, prit son visage entre ses mains, et il pleura sur lui-même, sur sa vie gâchée, et sur son oasis qu'il ne reverrait plus.

C'est alors que le rocher bougea, car c'était en réalité le chameau qui, à force d'attendre, était presque devenu pierre.

– Que veux-tu ? demanda-t-il au vieil homme en étirant ses pattes et son cou pour les assouplir.

– Je voudrais que tu me reconduises... supplia l'homme. Tu me l'as promis autrefois...

– Bien sûr, dit le chameau en s'ébrouant pour se débarrasser de la poussière, je suis là pour ça. Mais j'ai bien cru que tu ne reviendrais jamais...

Et il s'agenouilla pour le laisser monter.

9

Tous les deux traversèrent le désert en silence. Ils mirent trois jours et trois nuits, comme jadis, mais cette fois, l'homme ne se plaignit de rien. Lorsqu'ils atteignirent la dune où ils s'étaient rencontrés bien longtemps avant, le chameau s'arrêta de marcher et fit descendre l'homme. En sautant au sol, celui-ci s'étonna de se sentir si léger et si preste. Puis il vit qu'il était redevenu le jeune homme d'autrefois. Sa peau était tendue, ses jambes souples, ses cheveux noirs.

– Ainsi, demanda le chameau, tu es bien décidé. Tu ne veux pas venir à Topka ?

– Non, répondit l'homme, décidément non...

– Alors, dit le chameau, je m'en retourne, car je n'étais venu que pour t'y emmener...

Et il fit demi-tour.

L'homme le regarda s'éloigner et disparaître derrière

la grande dune, d'où il était venu. Puis, comme les étoiles commençaient à monter dans le ciel, il prit une poignée de sable et la laissa glisser entre ses doigts.

Moi, Jean-Claude Mourlevat :

Je suis né en 1952 en Auvergne. Je suis le cinquième d'une famille de six enfants et j'ai grandi avec mes frères et sœurs dans la ferme de mes parents, à la campagne.

J'étais bon élève au collège puis au lycée, mais j'ai cependant toujours préféré le sport et les activités artistiques.

J'ai étudié l'allemand à l'université (en Allemagne, à Toulouse et à Paris) et suis devenu professeur d'allemand. J'ai exercé cinq ans seulement. J'ai été un professeur heureux, mais j'ai cessé d'enseigner pour faire du théâtre.

J'ai commencé à écrire en 1996 seulement et j'ai été publié aussitôt.

Je vis depuis 13 ans avec ma femme, Rachel, et mes deux enfants, Emma et Colin, près de Saint-Étienne, en France.

Quelques secrets que je ne dis jamais :

1. J'aime courir. Un de mes rêves est de faire un marathon.
2. J'aime faire le pitre pour entendre le rire de mes enfants (le plus joli bruit que je connaisse).
3. Je n'ai jamais su danser. C'est un supplice pour moi.
4. À 85 ans, je me mettrai à fumer. Peut-être...

Vocabulaire

L'homme qui ne possédait rien

A

abandonner verlassen
d'**abondance** stark
abrité/e geschützt
accélérer beschleunigen
accompli/e ausgeführt
s'**adosser** sich anlehnen
s'**affaiblir** schwächer werden
affamé/e ausgehungert
agacé/e gereizt, genervt
s'**agenouiller** sich hinknien
agrandir vergrößern
ainsi que so wie, ebenfalls
il s'en **alla** er ging fort
s'**allonger** sich hinlegen
l'**allure** *f.* die Gangart
alors que wo doch
amasser anhäufen
amener bringen

apeuré/e verängstigt
appartenir gehören
l'**appentis** *m.* der Schuppen
s'**approcher** sich nähern
s'**arrêter (net)** (plötzlich) stehenbleiben, anhalten
il s'**asseyait** er setzte sich
l'**associé** *m.* der Geschäftspartner
assouplir lockern, geschmeidig machen
ils **atteignirent** sie erreichten
l'**auberge** *f.* die Herberge
auprès de bei
avaler herunterschlucken
s'**avancer vers** zuschreiten auf
avouer zugeben

B

balancer schaukeln
balbutier stammeln
la **barbe** der Bart
bavard/e geschwätzig
avoir **beau faire** noch so sehr tun
le **bienfaiteur** der Wohltäter
les **bijoux** *m. pl.* der Schmuck
se **blottir** sich anschmiegen
bouger sich bewegen
le **bouillon de légumes** die Gemüsebrühe

bousculer stoßen
au **bout de** am Ende von, nach
faire l'école **buissonnière** die Schule schwänzen

C

en tout **cas** auf jeden Fall
cassant/e schroff
ceci dies, dieses
celui-ci dieser
cesser aufhören
ceux-ci diese
le **chameau** das Kamel
cheminer seines Weges ziehen
la **colline** der Hügel
le **commerçant** der Händler
la **compagnie** die Gesellschaft
conduire führen
confectionner herstellen, zubereiten
se **consacrer** sich widmen
considérable beträchtlich
considérer betrachten
se **contenter** sich begnügen
corps et âme mit Leib und Seele
le **côté** die Seite
le **cou** der Hals
couler fließen

couvrir überhäufen
la **crainte** die Furcht
cuire braten, garen
la **curiosité** die Neugier

D

la **dalle** die Bodenfliese
la **datte** die Dattel
davantage mehr
se **débarrasser** sich befreien
décidé/e entschieden
la **demeure** das Wohnhaus
dépenser ausgeben
le **désert** die Wüste
le **désespoir** die Verzweiflung
dès lors von diesem Zeitpunkt an
désormais von nun an
dès que sobald
là-**dessus** daraufhin
il **devint** er wurde
disparaître verschwinden
la **disparition** das Verschwinden
se **dissimuler** sich verbergen
le **doigt** der Finger
dominer überragen
dont von der; mit denen

le **dos** der Rücken
doucement leise
sans **doute** wahrscheinlich
doux/douce süß, weich
il **dut** er musste

E

s'**ébrouer** sich schütteln
s'**écouler** verstreichen
effrayé/e erschrocken
s'**élever** sich erheben
s'**éloigner** sich entfernen
emmener mitnehmen
employer verwenden
emporter mitnehmen
s'**emporter** aufbrausen
l'**encouragement** *m.* die Ermutigung
engager einstellen
s'**engager** einbiegen, (den Weg) einschlagen
il **entreprit** er machte sich daran
envahir überwältigen, ergreifen
errer herumirren
essuyer abwischen
s'**étendre** ausdehnen
étirer strecken
l'**étoile** *f.* der Stern

s'**étonner** erstaunt sein
étourdi/e benommen
l'**étranger/-ère** der/die Fremde
étroit/e eng, schmal

F

il **fallut** man musste
le **fardeau** die Last
la **faveur** der Gefallen
il **fit** er ließ; er machte
à la **fois** gleichzeitig
à **force de** wegen
la **fortune** das Vermögen
fredonner summen
ils **furent** sie waren
il/elle **fut** er/sie/es war

G

gâché/e verschwendet
le **garde** der Wächter
le **genou** / les **genoux** das Knie
glisser gleiten
se **glisser** sich schleichen
la **gorge** die Kehle
gravir hinaufklettern

grommeler brummen, murmeln
ne ... **guère** kaum
en **guise de** als, als Zeichen von

H

l'**haleine** *f.* der Atem
les **haricots** *m.pl.* die Bohnen
hélas o weh, leider
hésiter zögern
hors de außerhalb von, aus ... heraus

I

impatient/e ungeduldig
l'**indigestion** *f.* die Magenverstimmung
ingrat/e undankbar
s'**inquiéter** sich sorgen
l'**instant** *m.* der Augenblick
interrompre unterbrechen
intrigué/e aufmerksam geworden

J

jadis einst

L

lancer hervorstoßen
léger/-ère leicht

se **loger** unterkommen; wohnen
lorsque als

M

avoir du **mal** Mühe haben
le **marbre** der Marmor
se **marier** heiraten
mener führen
la **menthe** die Minze
mentir lügen
menu/e klein
à **mesure que** in dem Maße wie
à **mi-chemin** auf halbem Weg
mijoter auf kleiner Flamme kochen
mince dünn
ils **mirent** sie brauchten
le **miroir** der Spiegel
il **mit** er setzte
il se **mit** er machte sich daran
de **moins en moins** immer weniger
se **moquer** sich lustig machen
morose mürrisch, griesgrämig
il **mourut** er starb
murmurer murmeln

N

ni ... ni weder ... noch

O

l'**oasis** *f.* die Oase
d'**ordinaire** für gewöhnlich

P

la **paillasse** die Strohmatte
paisible friedlich
pâle blass
parcourir durchstreifen
de toutes **parts** von allen Seiten
il y **parvint** er schaffte es
la **patte** das Bein (eines Tieres)
la **peine** die Mühe
pentu/e abschüssig
percevoir einkassieren
pester schimpfen
la **pierre** der Stein
prendre en **pitié** bemitleiden
il se **plaignit** er beklagte sich
plaisanter scherzen
le **plat** das Gericht
la **poignée** die Handvoll
à **portée de voix** in Hörweite

se **porter bien** gut gehen
posséder besitzen
les **poumons** *m. pl.* die Lunge
la **poussière** der Staub
se **presser** herbeieilen
preste flink
prévenir vorher ankündigen
il **prit** er nahm
profiter de nutzen, profitieren von
se **protéger** sich schützen

R

rappeler erinnern
rattraper einholen
ravi/e entzückt
les **recettes** *f. pl.* die Einnahmen
reconduire zurückgeleiten, zurückführen
régner herrschen
rejoindre wieder treffen
remercier danken
renifler beschnuppern
renvoyer wegschicken
replet/-ète dick, rundlich
il **reprit** es sprach weiter
résonner widerhallen
retirer zurückziehen

se **rider** faltig werden
le **rocher** der Felsen
la **ruelle** die Gasse

S

le **sabot** der Huf
sachant wissend
saluer grüßen
sauter springen
seconder unterstützen
la **selle** der Sattel
le **sentier** der Pfad
le **service** die Dienstleistung
le **serviteur** der Diener
la **sienne** das seine
sobre maßvoll
soigner pflegen
prendre **soin** sich kümmern
Soit. So sei es.
le **sol** der Boden
somptueux/-euse prachtvoll
soudain plötzlich
souffler schwer atmen, keuchen
souffrir leiden
souple geschmeidig, gelenkig
le **soutien** die Unterstützung

stupéfait/e verblüfft
la **sueur** der Schweiß
suffire genügen
ils **suivirent** sie folgten
il **suivit** er/es folgte
supplier anflehen
le **surlendemain** am übernächsten Tag

T

tendu/e straff
tiède (lau-)warm
tituber schwanken
tôt früh
tourner les talons auf dem Absatz kehrtmachen
transpirer schwitzen
trembloter flackern

V

le **vacarme** der Lärm
veiller wachen
vérifier überprüfen
se **vêtir** sich kleiden
le **vieillard** der alte Mann
il **vit** er sah

Nouvelle Bibliothèque Junior

Jean-Claude Mourlevat • **L'homme qui ne possédait rien**

Herausgeber Thilo Karger, Klaus Mengler
Vokabelannotationen Thilo Karger
Verlagsredaktion Corinna Martin-Werner
Gesamtgestaltung und technische Umsetzung Buchgestaltung+, Berlin
Umschlagfoto GDKE_Ursula Rudischer (Landesmuseum Mainz)

www.cornelsen.de

1. Auflage, 2. Druck 2020

Alle Drucke dieser Auflage sind inhaltlich unverändert
und können im Unterricht nebeneinander verwendet werden.

Druck: H. Heenemann, Berlin

ISBN 978-3-06-023351-9

PEFC zertifiziert
Dieses Produkt stammt aus nachhaltig bewirtschafteten Wäldern und kontrollierten Quellen.
www.pefc.de

PEFC
PEFC/04-31-1156